Jeden Tag ein bisschen besser

DEUTSCH

Übungsdiktate

6. Schuljahr

Zusammengestellt von Maria Bley
Illustriert von Katharina Siegers

Cornelsen
SCRIPTOR

Maria Bley, die dieses Heft zusammengestellt hat, ist ausgebildete Deutschlehrerin und langjährige Redakteurin für Lernmaterialien.

Cornelsen online http://www.cornelsen.de

Gedruckt auf chlorfrei gebleichtem Papier
ohne Dioxinbelastung der Gewässer.

Die Deutsche Bibliothek — CIP-Einheitsaufnahme

Jeden Tag ein bisschen besser. - Berlin : Cornelsen Scriptor
Deutsch.
Schuljahr 6.
Übungsdiktate / Maria Bley 1999
ISBN 3-589-21244-6

Dieses Werk berücksichtigt die Regeln der reformierten
Rechtschreibung und Zeichensetzung.

5.	4.	3.	2.	✔	Die letzten Ziffern bezeichnen
03	02	01	2000		Zahl und Jahr des Drucks.

Redaktion: Maria Bley, Vaterstetten
Typographie: Julia Walch, Bad Soden
Umschlagentwurf: Vera Bauer, Berlin,
unter Verwendung einer Illustration von Roland Beier, Berlin
Layout und Herstellung: Beate Schubert, Berlin
Druck und Bindearbeiten: Clausen & Bosse, Leck
Printed in Germany
ISBN 3-589-21244-6
Bestellnummer 212446

Inhalt

Vorwort

Hallo, liebe Schülerinnen und Schüler!
Hallo, liebe Eltern!

Wer ***jeden Tag ein bisschen besser*** wird, ist bald sehr gut!

Dieses Heft stellt auf jeder Doppelseite ein Rechtschreibthema aus dem Deutschunterricht der 6. Klasse vor, das in einer Viertel- bis halben Stunde bearbeitet werden kann. Eine Doppelseite pro Tag genügt völlig.

Die Übungsdiktate werden am besten so diktiert: Zuerst den ganzen Text vorlesen, dann einen kompletten Satz und erst jetzt den Text zwischen den Schrägstrichen mit allen Satzzeichen. Nur die Diktate zum Thema Zeichensetzung sollten ohne Satzzeichen diktiert werden. Die Ziffer neben dem Diktattext gibt die Wörterzahl an.

Wer ganz selbstständig arbeiten will, kann die Diktate auf Kassette sprechen. Wichtig dabei: Bei jedem Schrägstrich eine kurze Pause machen. Auch aufmerksames Abschreiben der Diktate übt enorm – einfach Stück für Stück lesen und dann auswendig aufschreiben.
Anschließend das Geschriebene Wort für Wort mit der Vorlage vergleichen und Fehler berichtigen. In den Diktatexten und Beispielen sind übrigens alle neuen Schreibweisen hervorgehoben.
Die Übungen auf der rechten Seite können direkt in diesem Heft bearbeitet werden – vor oder nach dem Übungsdiktat.

In der Mitte des Heftes haben wir einen Lösungsteil zum Heraustrennen eingeheftet. Damit sollen immer gleich die Ergebnisse überprüft werden! Das ist ganz wichtig, um in Zukunft Fehler zu vermeiden.

Und nun viel Spaß und viel Erfolg!

I Ferientagebuch

Das Datum von heute 17.4.02

Groß- und Kleinschreibung: Nomen und ihre Begleiter

Ferientagebuch
Heute soll es losgehen. / Wir freuen uns schon auf die Ferien an der Ostsee. / Eigentlich wollten wir schon früh auf der Autobahn sein, / aber aus diesem Vorsatz wird nichts. / Meine Mutter muss noch schnell zur Drogerie* / und mein Vater muss noch ein Buch / vom Buchhändler holen. / So wird es Mittag, / bis wir endlich im Auto sitzen. /
Als wir fünf Minuten gefahren sind / und fast die Autobahnauffahrt erreicht haben, / fällt Mutti ein, / dass sie ihre Sonnenbrille / und ihren Föhn vergessen hat. / So fahren wir noch einmal zurück. / Weil die Autobahn leer ist, / sind wir trotzdem am Spätnachmittag an unserem Urlaubsort.

101

* Neu: kein Komma.

Satzanfänge und Nomen (Substantive, Namenwörter) werden großgeschrieben. Vor ein Nomen kannst du einen Artikel (Begleiter) setzen. Manchmal ist der Artikel in einem anderen Wort versteckt.

die Ostsee, *ein* Ferientagebuch, vom (von *dem*) Urlaub

Das Nomen kannst du im Satz aber auch an anderen Begleitern erkennen:

- **an einem Adjektiv:** das *schöne* Wetter
- **an einem Pronomen:** *mein* Drachen
- **an einem Zahlwort:** beim *ersten* Ausflug

Unterstreiche im folgenden Text alle Nomen. Setze für jedes Nomen einen Strich neben die jeweilige Zeile. Wie viele sind es?

BEREITS DER ERSTE FERIENTAG AN DER OSTSEE IST EIN WUNDERSCHÖNER SONNENTAG. WIR SITZEN NOCH GEMÜTLICH AM KAFFEETISCH, DA RAST JULIAN SCHON RAUS. ER WILL NÄMLICH WISSEN, OB WENIGSTENS EIN WENIG WIND DA IST FÜR SEINEN LENKDRACHEN.
JULIAN WILL SO SCHNELL WIE MÖGLICH AN DEN STRAND. ALS WIR ENDLICH GEHEN, NEHME ICH NOCH MEINEN SCHÖNEN ROTEN BALL MIT. ICH BIN NÄMLICH EINE TOLLE HANDBALLSPIELERIN. AN UNSERER SCHULE SPIELE ICH IN DER UNTERSTUFENMANNSCHAFT MIT.

13 Nomen

Unterstreiche nun mit einer anderen Farbe alle Wörter, die die Nomen begleiten.

2 Mein schöner Ball!

Das Datum von heute

Groß- und Kleinschreibung: Verben und Adjektive als Nomen

Mein schöner Ball!

Gestern sind wir am Strand spazieren gegangen*. / Ich hatte zum Spielen meinen Volleyball mitgenommen. / Vater sagte: / „Die Wellen treiben das Wasser an den Strand. / Gib mir doch mal deinen Ball!" / Dann warf er ihn weit ins Wasser. / Als Vater mein entsetztes Gesicht sah, / sagte er nur: / „Die Wellen treiben den Ball / schon wieder ans Ufer, / warte nur ab." / Wir warteten, / aber der Ball kam nicht wieder. / Im Gegenteil: / er wurde immer weiter hinausgetrieben. / Einige Leute am Strand fingen an zu lachen, / aber mir war gar nicht zum Lachen zumute.** / „Sei nicht traurig", / sagte Vater, / „du bekommst einen neuen Ball." / Und am Nachmittag hat er mir dann / einen neuen Volleyball gekauft. / „Dein alter Ball kann bestimmt / etwas Spannendes erzählen", meinte er verschmitzt.

125

* Neu: *spazieren gehen* wird getrennt geschrieben.

** Neu: auch *zu Mute*

Verben können auch als Nomen gebraucht werden. Sie werden dann großgeschrieben. Vor Verben, die als Nomen gebraucht werden, kannst du einen Artikel setzen.

Am Strand ist *Grillen* verboten. – Am Strand ist *das Grillen* verboten.
Beim *Spielen* hatten wir viel Spaß. – Bei *dem Spielen* hatten wir viel Spaß.

Auch Adjektive können als Nomen gebraucht werden.
Sie werden dann großgeschrieben.
Vor Adjektive, die als Nomen gebraucht werden, kannst du einen Artikel oder auch eine Mengenangabe (wie *viel, nichts, wenig, alles* ...) setzen.

Das Schönste am Sommer sind die Ferien.
Sie gibt *ihr Bestes*. – *das* Beste
Ihre Lieblingsfarbe ist *Blau*. – *das* Blau
Im Urlaub sahen wir *viel Neues*.

Unterstreiche im Text auf der linken Seite alle Verben und Adjektive, die als Nomen gebraucht werden. Es sind drei.
Umkreise die zugehörigen Artikel, Präpositionen und Mengenangaben.

Groß- oder kleingeschrieben? Setze richtig ein.

Alles __ute kommt von oben. g

Wie die __lten sungen, so __witschern die __ungen. a/z/j

Dem __üchtigen gehört die Welt. t

Dem __lücklichen schlägt keine Stunde. g

Im Westen nichts __eues. n

Am Abend wird der __aule __leißig. f/f

Es gibt manches __chöne in der Schule,

aber das __chönste sind die Pausen. s/s

Unter den __linden gilt der __inäugige als König. b/e

Der __angsame kommt auch ans Ziel. l

3 Ein Gruß ans Krankenbett

Das Datum von heute ______________

Groß- und Kleinschreibung: Anredepronomen

Ein Gruß ans Krankenbett
Liebe Frau Burger, /
hoffentlich geht es Ihnen inzwischen besser, / so dass* Sie bald / aus dem Krankenhaus entlassen werden. / Dann können Sie vielleicht doch dabei sein, / wenn wir zum Schulfest unser Stück / „Ein Engel kommt nach Babylon“ aufführen. / Seit Ihrem Unfall hat Herr Daschner / fleißig mit uns geübt. / Nächste Woche spielen wir / zum ersten Mal in den Kostümen / und am 20. Juni / ist um drei Uhr Generalprobe. / Dazu haben wir alle Lehrerinnen und Lehrer eingeladen. / Ein bisschen Lampenfieber / haben wir schon: / Drücken Sie uns bitte die Daumen, / dass keiner stecken bleibt**! /
Wir wünschen Ihnen gute Besserung! /
Ihre 6b 100

* Neu: auch *sodass*.
** Neu: *stecken bleiben* wird getrennt geschrieben.

Die höflichen Anredeformen (*Sie, Ihre, Ihr, Ihnen*) werden immer großgeschrieben.
Die Anredeformen *du* und *ihr* mit den zugehörigen Formen (*dein, euch, euer, …*) werden dagegen immer kleingeschrieben.

Auch in Aufrufen oder Werbetexten werden Menschen angeredet.
Setze in den folgenden Werbetext die passenden Anredepronomen ein.

Wenn ____________ ihn kennen gelernt haben,

werden ____________ uns zustimmen.

Wir nehmen uns Zeit für ____________ .

Neuerdings können ____________ unsere Produkte auch selbst inspizieren.

Informationen erhalten ____________ , wenn ____________ mit der

beigeklebten Karte ____________ Katalogexemplar anfordern.

Wir schicken ____________ auch gern unseren Berater ins Haus.

Bedienen ____________ sich!

Wir stehen ____________ zur Verfügung!

Setze auch hier die passenden Anredepronomen ein.

Lieber Olli,

nach einer langen Fahrt bin ich endlich angekommen und sende ______ herzliche Inselgrüße. Alles o. k. hier. Nur ______ fehlst mir – und ______ Späße.

Bis bald

______ Elli

4 Klassenfahrt

Das Datum von heute

____

Groß- und Kleinschreibung: Zeitangaben

Klassenfahrt

Wir sind heute Abend / in der Jugendherberge Bad Münstereifel angekommen. / Das große Packen / ging gestern Nachmittag los. / Seit heute sind wir nun endlich / auf großer Fahrt. / Als Vorbereitung auf die Eifeltour / haben wir schon letzte Woche / morgens oder nachmittags / halbtägige Fahrten unternommen. /

Am frühen Morgen, / fast noch in der Nacht, / radelten wir los. / Die erste Rast wurde gegen Mittag / am Weiher der Burg Ringsheim gemacht. / Am Nachmittag ging es in die Nordeifel. / Bad Münstereifel werden wir / morgen früh verlassen. / Hoffentlich sind wir / schon nachmittags in der Jugendherberge Hellenthal. / Dann können wir noch vor dem Abend / den Wildvogelpark besuchen.

99

Die Zeitangaben *heute*, *morgen* und *morgens*, *nachts* sind Adverbien (Umstandswörter), die Angaben zum Zeitpunkt machen (*wann*). Sie werden kleingeschrieben.

Zeitangaben, die Nomen sind, werden großgeschrieben. Du erkennst sie an dem Artikel oder daran, dass du einen Artikel einsetzen kannst:

der Morgen am (an dem) Morgen gegen (den) Abend

In Tageszeitangaben werden die Adverbien kleingeschrieben und die Nomen großgeschrieben.

heute Mittag morgen Nachmittag

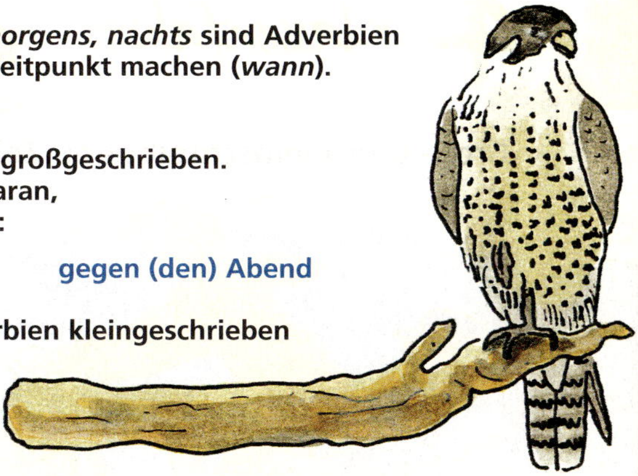

Unterstreiche im Text auf der linken Seite alle Zeitangaben. Es sind zwölf. Ordne sie dann den folgenden Gruppen zu.

Zeitangaben, die Adverbien sind:

____

____

Zeitangaben, die Nomen sind:

____

____

____

Tageszeitangaben mit Adverbien und Nomen:

____

5 Der Gorilla

Das Datum von heute

Lang gesprochene Vokale: das Längezeichen *h*

Der Gorilla

Gorillas zählen zu den Lebewesen, / die am höchsten entwickelt sind. / Sie leben in Horden von ungefähr 15 Tieren / im dichten Unterholz afrikanischer Wälder. / Der stärkste Gorillamann ist ihr Anführer. / Er ist zu den anderen / gewöhnlich sehr freundlich, / vor allem zu den Gorillakindern. / Sie krabbeln vergnügt über seinen Rücken* / und der gutmütige Riese lässt sie gewähren. / Wird ihm ein junger Gorilla zu übermütig, / so warnt er ihn mit einem Blick. /
Obwohl der Gorilla so mächtig und wild aussieht, / ist er ein friedlicher Bewohner des Urwaldes. / Streitigkeiten geht der Gorilla aus dem Wege. / Wenn Gefahr droht, schreit er, / wirft Blätter in die Luft / und schlägt sich auf die Brust. 108

*Neu: kein Komma.

Das *h* ist ein häufig vorkommendes Längezeichen bei lang gesprochenem Vokal (Selbstlaut).

me*h*r **wä*h*rend** **Stu*h*l** **Ko*h*le** ***i*h*r***

Unterstreiche im Text auf der linken Seite alle Wörter mit einem *h* als Längezeichen. Es sind insgesamt 15.
Ordne sie dann nach Vokalen.

ah/äh ______________________________

____

eh ______________________________

ih/ieh ______________________________

____

oh/öh ______________________________

____

üh ______________________________

**Bei manchen Wörtern kann man deutlich ein *h* heraushören.
Man spricht deshalb von einem gehauchten oder silbentrennenden *h*.**

Bei den folgenden Wörtern kannst du bei einem in jeder Zeile das *h* nicht heraushören. Unterstreiche diese Wörter.

Flöhe	Lehne	Truhe	
Schuhe	Mühe	Krähe	Söhne
Nähe	Kühe	Dreher	Hühner

6 Das Ren

Das Datum von heute

Lang gesprochene Vokale: das lang gesprochene *i*

Das Ren
Eigentlich ist das Ren / kein richtiges, gezähmtes Haustier, / denn die meisten Rentiere / leben in völliger Freiheit. / In großen Herden durchqueren sie auch heute noch / die skandinavischen Länder / Norwegen, Schweden und Finnland. / Für die Bewohner Lapplands / bilden sie eine wichtige Lebensgrundlage. / Im Sommer ziehen die Tiere aus den Birkenwäldern / in die baumfreie Tundra der Gebirge, / im Winter kehren sie zurück in den Wald. / Früher zogen auch durch Nordamerika / riesige Herden wilder Rentiere. / Aber diese Herden wurden zusammengeschossen, / so dass* in den letzten Jahrzehnten / immer mehr Rentiere aus Skandinavien / nach Amerika gebracht wurden. 92

* Neu: auch *sodass*.

Das lang gesprochene *i* wird oft *ie* geschrieben. In zahlreichen Wörtern allerdings wird es auch mit einfachem *i*, mit *ih* oder auch mit *ieh* geschrieben.

Diebe Biber ihr Vieh

Besonders bei den folgenden Wörtern musst du dir die unterschiedliche Schreibweise einprägen:

Lied – Lid Miene – Mine Stiel – Stil wieder – wider

In Fremdwörtern allerdings wird das lang ausgesprochene *i* stets mit einfachem *i* geschrieben.

Benzin Vitamine Praline Maschine

Ergänze den fehlenden i-Laut.

B___ne T___ger B___ber Mar___ne

h___r B___bel ___hnen Masch___ne

T___r ___hr s___t

Ros___ne ___hn st___lt

n___ M___te Fl___ge

Gleich gesprochen – unterschiedlich geschrieben.
Ergänze den fehlenden i-Laut.

W___der Erwarten hatte sein Auftritt St___l, auch wenn seine M___ne und das zuckende Augenl___d immer w___der verrieten, dass dieses Liebesl___d nicht ganz zu seiner Stimmung passte.

7 Seifenkistenrennen

Das Datum von heute

____

Kurz gesprochene Vokale: Verdoppelung von Konsonanten

Seifenkistenrennen

Langsam rollen die windschnittigen Kisten auf die Rennstrecke. / Die jungen Rennfahrer beugen sich nach vorne / und konzentrieren sich verbissen auf die Piste. / Nach ein paar Metern werden ihre flotten Flitzer immer schneller / und sausen schließlich mit einem Affenzahn über die Ziellinie. /

Dort wird mit modernster Computertechnik die Zeit gemessen. / Die zahlreichen Fans an der Zielgeraden / sorgen für die richtige Stimmung. /

Sekunden später verkündet die Lautsprecheranlage die Zeiten. /

Gewonnen hat Katrin. / Mit ihrem knallroten Flitzer aus Vaters Werkstatt / hat sie alle anderen hinter sich gelassen.

85

Folgt auf einen kurzen betonten Vokal *ein* Konsonant (Mitlaut), so wird dieser meist verdoppelt.

i*mm*er ro*ll*en We*tt*e Ti*pp*

Folgen zwei *unterschiedliche* Konsonanten, so wird in der Regel keiner verdoppelt.

Ka*nt*e Kra*ft* fli*nk* Da*nk*

Unterstreiche im Text auf der linken Seite alle Wörter mit verdoppelten Konsonanten nach kurzem betontem Vokal. Es sind 17.

Bei manchen gebeugten Verbformen (er *kommt*) folgen nach einem doppelten Konsonanten noch andere – nicht jedoch bei der Infinitivform (Grundform) dieser Verben (*kommen*).

Bilde zu den folgenden gebeugten Verbformen den Infinitiv.

er kommt kommen

sie kannte ______________________

du fasst ______________________

er fällt ______________________

sie mussten ______________________

wir rannten ______________________

sie wollte ______________________

er lässt ______________________

8 Limericks

Das Datum von heute

Kurz gesprochene Vokale: k-Laut und z-Laut

Diese Texte sollten zeilenweise diktiert und aufgeschrieben werden.

Limericks
Es schleichen die schnurrenden Katzen
kaum hörbar auf samtenen Tatzen,
auch Pfoten genannt
und zu spät oft erkannt
von Amseln und Mäusen und Spatzen.

Wovor sich die Heuschrecken schrecken,
das lässt sich so leicht nicht entdecken.
Vielleicht vor dem Heu?
Das wäre doch neu!
Ich glaube, die woll'n uns nur necken.

Es gab einen Bäcker in Kassel,
der hörte des Nachts ein Gerassel.
Er durchsuchte das Haus
und fand eine Maus.
Seitdem gibt es Katzen in Kassel. 78

In deutschen Wörtern gibt es kein *kk* und kein *zz*. (In Fremdwörtern wie *Akkusativ, Makkaroni* ist das etwas anderes.) Stattdessen schreibt man *ck* (ersetzt *kk*) und ein *tz* (ersetzt *zz*).
Ansonsten gilt die gleiche Regel wie bei der Verdoppelung anderer Konsonanten: Nach kurzem betontem Vokal wird der k-Laut mit *ck* und der z-Laut mit *tz* geschrieben.

	Mü*ck*e	ho*ck*en	le*ck*er	Ha*ck*e
aber:	spu*k*en	Lu*k*e	E*k*el	La*k*en
	schwi*tz*en	plö*tz*lich	Gla*tz*e	
aber:	Schn*auz*e	K*auz*	G*eiz*	

Unterstreiche in den Limericks alle Wörter mit *ck* und *tz* nach kurz gesprochenem Vokal. Es sind neun.

Setze im folgenden Text *z/tz* und *k/ck* richtig ein.

Beim Verste___spiel verste___en sich Jochen und Peter

hinter einem Holzstapel.

Silke pa___t ihren Ranzen für den nächsten Tag.

Beim Klassenausflug bese___ten Julia und ihre Clique

ganz schnell die Si___plä___e im Abteil.

Die Hei___ung geht mal wieder nicht, es ist zwe___los, daran zu drehen.

Vokabeln muss man manchmal pau___en.

Der Hund beschnuppert ihn kurz mit seiner Schnau___e.

An der Kreu___ung regelte eine Ampelanlage den Verkehr.

9 Die Weiber von Weinsberg

Das Datum von heute

Leicht verwechselbare Konsonanten: *g/k, d/t, b/p*

Die Weiber von Weinsberg

Ein König belagerte einst / die Burg von Weinsberg, / die seinem Feind, / einem Herzog, gehörte. / Die Soldaten des Königs eroberten die Burg. / Den Männern drohte der König / eine harte Bestrafung an, / den Frauen erlaubte er großzügig,* / beim Abzug aus der Burg das mitzunehmen, / was ihnen am liebsten sei. / Da nahm jede der Frauen / ihren Mann auf die Schultern / und schleppte ihn aus der Burg. / Einige Gefolgsleute des Königs wollten das verhindern, / weil sie glaubten, / es sei gegen die Abmachung. / Doch der König stand zu seinem Wort / und ließ den listigen Frauen ihren Willen. 96

* Neu: Das Komma kann hier gesetzt werden, muss aber nicht.

Wenn die Konsonanten *g/k*, *b/p* oder *d/t* nicht eindeutig herauszuhören sind, kannst du die Schreibweise in den meisten Fällen ableiten:

- **vom Infinitiv (bei Verben)** — er erlau*b*te – erlau*b*en,
- **von einer anderen Form des Wortes** — Köni*g* – Köni*g*e
- **oder von einem verwandten Wort** — Gefol*g*sleute – Gefol*g*e.

g/k, *d/t*, *b/p*? Leite die Schreibweise vom Infinitiv, einer anderen Form des Wortes oder von einem verwandten Wort ab.

du gi__st	Ber__	ro__
geben	____________	____________
gro__	plum__	Stau__sauger
____________	____________	____________
sie__zig	er hat gehar__t	sie blie__
____________	____________	____________
Gra__stein	ran__los	San__wüste
____________	____________	____________

Bei den folgenden Wörtern lässt sich die Schreibweise leider nicht ableiten. Du prägst sie dir am besten als Merkwörter ein.

Erbse	***Krebs***	***Publikum***	***Rebhuhn***	***Herbst***
Knirps	***Behauptung***	***September***	***Gips***	***Schlips***
Hengst	***weg***	***Angst***	***Smog***	

10 Tiere auf Jagd

Das Datum von heute

____

Leicht verwechselbare Konsonanten: *x, chs, ks, gs*

Tiere auf Jagd

Ein Ochse, ein Luchs und ein Fuchs / gingen häufig zusammen zur Jagd. / Die drei waren sich keineswegs immer einig. / Hatten sie etwas erjagt, / stritten sie sich flugs um die Beute. / Eines Nachmittags waren sie mal wieder unterwegs. / Kaum hatten sie einen Hasen erwischt, / da schimpfte der Ochse mit dem Luchs: / „Mach, dass du wegkommst, / du Frechdachs, / sonst breche ich dir sämtliche Haxen!“ / Der Fuchs, der extrem listig war, / ließ seine beiden Jagdgenossen links liegen. / Und während sie sich um die Beute stritten, / fraß er sie fix auf. 90

Bei Lauten, die wie *ks* gesprochen werden, kannst du die Schreibweise oft durch Ableiten erklären. Die wie *ks* ausgesprochenen Buchstabenverbindungen werden in der ganzen Wortfamilie gleich geschrieben.

du leckst – *lecken*
anfangs – *anfangen*
Gewächs – *wachsen*
Knicks – *knicken*
tagsüber – *Tage*
links – *linke* (Seite)

Für viele Buchstabenverbindungen, die wie *ks* gesprochen werden, gibt es jedoch keine Erklärung. Ihre Schreibweise musst du dir einprägen.

Unterstreiche im Text auf der linken Seite alle Wörter mit *x*, *chs*, *gs* und *ks*. Trage sie je nach ihrer Schreibweise in die folgende Tabelle ein.

x	chs	gs	ks

Im folgenden Text sind in einigen Wörtern mit *x* die Buchstaben durcheinander geraten. Schreibe die Wörter in der üblichen Schreibweise jeweils darüber.

Heute machen alle Kinder A X E N F . Max E F I X T mit Axel.

Die E I X N O T X B mit der kleinen E X E H .

Xaver braut eine T U X R M I .

Alexander X A T E I R T die kleine X E E H .

11 Verse für die Klassenfeier

Das Datum von heute

Leicht verwechselbare Konsonanten: *f/v*

Verse für die Klassenfeier
Franz und seine Freundin Vera / sind völlig fertig. / Am vorigen Freitag wollten sie / Verse für die Klassenfeier schreiben, / aber es fielen ihnen nicht viele ein. / Die beiden Freunde fanden gerade mal / einen vernünftigen Anfang. / Fehlte es ihnen vielleicht an Fantasie* ? / Oder mussten sie sich zum Verseschmieden / mehr Zeit lassen? /
Franz fragt schließlich seinen Vater. / Doch der meint nur: / „Tut mir Leid, / mir fällt so schnell / auch nichts Vernünftiges ein. / Vielleicht fangt ihr noch einmal ganz von vorne an.“ 83

* Auch: Phantasie.

Der gleich ausgesprochene f-Laut wird mit *f* oder mit *v* geschrieben.

Der Vogel fliegt.

Leider gibt es hier keine Regel für die richtige Schreibung.
Du musst dir die jeweilige Schreibweise merken.

Bilde mit Hilfe der Wortbausteine Wörter und ordne sie in die Tabelle ein.

sprechen – kornbrot – gessen – kehren – sichtig – jährig – bringen

ver-	vor-	V/voll-
___	___	___
___	___	___
___	___	___
___	___	___

Setze die fehlenden Buchstaben ein: *v* oder *f*?

__etter __ranz __ergaß __orgestern __ünf __eilchen.

__lotte __orellen __angen __iele __reche __liegen.

__ünfzehn __ette __orscher __olgten __leißigen __erwandten.

12 Das Pferd, ein Huftier

Das Datum von heute

Leicht verwechselbare Konsonanten: *pf/f/v*

Das Pferd, ein Huftier
Das kleine Urpferd, / der Vorfahre unserer Pferde, / lebte vor ungefähr 60 Millionen Jahren / im Unterholz der Sumpfwälder / und fraß das Laub von saftigen Pflanzen. / An seinen Vorderfüßen hatte es noch vier Zehen, / die es spreizte, / wenn es über den sumpfigen Boden lief. / Die Nachkommen dieses Geschöpfes / wurden größer und stärker / und weideten in den weiten, ebenen Steppen. / Sie hatten viele Feinde. / Nur die schnellsten Tiere überlebten / und pflanzten sich fort. / Es waren diejenigen, / die auf den Zehenspitzen liefen. / So schrumpften mit der Zeit die äußeren Zehen, / die nicht mehr benutzt wurden, / und es bildete sich ein Huf. 101

Nur bei überdeutlicher Aussprache kannst du *pf* heraushören und von den anderen f-Lauten unterscheiden.

***Pf*erde sind *Pf*lanzen*f*resser und *v*ertilgen große *F*uttermengen.**

Unterstreiche im Text auf der linken Seite alle Wörter, die mit *pf*, *f* oder *v* beginnen. Es sind insgesamt 13.

Ein Spiel mit Buchstaben und Wörtern. Setze ein: *pf*, *f* oder *v*.

___röhliche ___örster ___uttern ___ormittags ___eine ___irsiche

und ___annkuchen.

___eilgeschwind ___lügen im ___rühling ___leißige ___erde

___lache ___elder.

___linke ___legel ___eifen ___lotte ___erse durchs Tele___on.

13 Die Warnung

Das Datum von heute

Schreibung der s-Laute: gesummt oder scharf gesprochenes *s*

Die Warnung

Ein alter Bauer war sehr gehässig. / Er hatte einen außerordentlich schönen Apfelbaum, / der Jahr für Jahr die süßesten Früchte trug. / Das wussten alle Nachbarn. / Aber es machte ihn böse, / wenn die Kinder / heimlich Äpfel stahlen und aßen. / Er malte ein großes Schild / und stellte es neben den Apfelbaum: / „Einer dieser Äpfel ist vergiftet. / Es wird davor gewarnt, / sie zu essen!“ / Am nächsten Morgen / wollte er die Äpfel zählen / und hoffte,* keinen zu vermissen. / Als er das Schild sah, / blieb er mit einem Ruck stehen. / Was war da zu lesen? / „Zwei dieser Äpfel sind vergiftet. / Es wird davor gewarnt, / sie zu essen.“ / So übten die Kinder / auf ihre Weise süße Rache. 112

* Neu: Hier kann ein Komma gesetzt werden, muss aber nicht.

**Am Wortanfang steht immer ein einfaches *s*, nie *ss* oder *ß*.
Im Wortinnern wird ein gesummt ausgesprochener s-Laut immer mit einfachem *s* geschrieben.**

lesen   Weise   böse   dieser

Ein scharf ausgesprochener s-Laut kann *s*, *ss* oder *ß* geschrieben werden.

Glas   essen   Füße

Ordne die Wörter in die Tabelle ein.

besuchen – Sahne – lesen – Gras – Gräser – grasen – Riss –
reißen – Fraß – essen – Los – Gruß – grüßen – Fluss – Flüsse

gesummtes *s*	**scharf ausgesprochenes *s***		
geschrieben: *s*	geschrieben: *s*	geschrieben: *ss*	geschrieben: *ß*
besuchen	*Gras*		

Wird in einem Wort ein s-Laut gesummt, so werden auch verwandte Wörter mit einfachem *s* geschrieben – auch wenn hier das *s* scharf gesprochen wird.

zuweisen – er wies (darauf hin)   Häuser – Häuschen

Stelle die verwandten Wörter zusammen.

anpreisen – der Leser – die Häuser – er verlost – der Preis – die Kreise –
er liest – sie hausten – die Lose – wir kreisten

anpreisen – der Preis

14 Vor dem großen Flug

Das Datum von heute

Schreibung der s-Laute: *ss* und *ß*

Vor dem großen Flug

Im Flughafengebäude stößt man zuerst / auf die Informationsschalter. / Sie sind für alle Fluggäste große Treffpunkte. / Alle wollen sie etwas / von der freundlichen Stewardess wissen. / Jeder Passagier braucht ein Ticket. / Für einen sicheren Platz / muss der Fluggast vorbuchen. / Mit Ticket und Gepäck / geht man zum Schalter seiner Fluggesellschaft. /
Man gibt den Flugschein ab / und bekommt eine Bordkarte. / Das Gepäck wird gewogen. / Jeder Fluggast darf 20 kg mitnehmen. / Bei der Passkontrolle / wird das Handgepäck durchleuchtet. / Dann warten die Fluggäste im Warteraum. / Schließlich drängen alle zum Ausgang, / zeigen die Bordkarten vor / und gehen an Bord. 96

Lösungen

1

Es sind 13 Nomen.
Bereits der erste Ferientag an der Ostsee ist ein wunderschöner Sonnentag. Wir sitzen noch gemütlich am Kaffeetisch, da rast Julian schon raus. Er will nämlich wissen, ob wenigstens ein wenig Wind da ist für seinen Lenkdrachen.
Julian will so schnell wie möglich an den Strand. Als wir endlich gehen, nehme ich noch meinen schönen roten Ball mit. Ich bin nämlich eine tolle Handballspielerin. An unserer Schule spiele ich in der Unterstufenmannschaft mit.

2

zum Spielen, zum Lachen, etwas Spannendes

Alles Gute kommt von oben.
Wie die Alten sungen, so zwitschern die Jungen.
Dem Tüchtigen gehört die Welt.
Dem Glücklichen schlägt keine Stunde.
Im Westen nichts Neues.
Am Abend wird der Faule fleißig.
Es gibt manches Schöne in der Schule, aber das Schönste sind die Pausen.
Unter den Blinden gilt der Einäugige als König.
Der Langsame kommt auch ans Ziel.

3

Wenn Sie ihn kennen gelernt haben, werden Sie uns zustimmen.
Wir nehmen uns Zeit für Sie.
Neuerdings können Sie unsere Produkte auch selbst inspizieren.
Informationen erhalten Sie, wenn Sie mit der beigeklebten Karte Ihr Katalogexemplar anfordern.
Wir schicken Ihnen auch gern unseren Berater ins Haus.
Bedienen Sie sich!
Wir stehen Ihnen zur Verfügung!

Lieber Olli,
nach einer langen Fahrt bin ich endlich angekommen und sende dir herzliche Inselgrüße. Alles o. k. hier. Nur du fehlst mir – und deine Späße.
Bis bald
deine Elli

4

Adverbien: heute, morgens, nachmittags, morgen früh, nachmittags
Nomen: am (an dem) frühen Morgen, in der Nacht, gegen (den) Mittag, am (an dem) Nachmittag, vor dem Abend
Tageszeitangaben mit Adverbien und Nomen: heute Abend, gestern Nachmittag

5

☆
ah/äh: zählen, ungefähr, gewähren, Gefahr
eh: sehr, geht
ih/ieh: ihr, ihm, ihn, aussieht
oh/öh: gewöhnlich, obwohl, Bewohner, droht
üh: Anführer

☆☆
Hier ist das *h* nicht zu hören:
Lehne, Söhne, Hühner

6

☆
Biene, Tiger, Biber, Marine
hier, Bibel, ihnen, Maschine
Tier, ihr, sieht
Rosine, ihn, stiehlt
nie, Miete, Fliege

☆☆
Wider Erwarten hatte sein Auftritt Stil, auch wenn seine Miene und das zuckende Augenlid immer wieder verrieten, dass dieses Liebeslied nicht ganz zu seiner Stimmung passte.

7

☆
Seifenkistenrennen, rollen, windschnittigen, Rennstrecke, Rennfahrer, verbissen, flotten, immer, schneller, Affenzahn, gemessen, Stimmung, Gewonnen, knallroten, Werkstatt, alle, gelassen

☆☆
kennen, fassen, fallen, müssen, rennen, wollen, lassen

8

☆
Katzen, Tatzen, Spatzen,
Heuschrecken, schrecken, entdecken, necken,
Bäcker, Katzen

☆☆
Versteckspiel, verstecken, packt, besetzten, Sitzplätze,
Heizung, zwecklos, pauken, Schnauze, Kreuzung

9

☆
du gibst, geben / Berg, Berge / rot, rote /
grob, grobe / plump, plumpe /
Staubsauger, staubig /
siebzig, sieben / sie hat geharkt, harken /
sie blieb, bleiben /
Grabstein, graben / randlos, Ränder /
Sandwüste, sandig

10

☆
x: Haxen, extrem, fix
chs: Ochse, Luchs, Fuchs, Frechdachs
gs: Nachmittags, unterwegs, flugs, keineswegs
ks: links

☆☆
Faxen, feixt, Nixe, boxt, Hexe, Mixtur, taxiert, Hexe

11

☆

ver-:	versprechen, vergessen, verkehren, verbringen
vor-:	vorsprechen, vorkehren, vorsichtig
V/voll-:	Vollkornbrot, volljährig, vollbringen

☆☆ Vetter Franz vergaß vorgestern fünf Veilchen.
Flotte Forellen fangen viele freche Fliegen.
Fünfzehn fette Forscher folgten fleißigen Verwandten.

12

☆ Pferd, Vorfahre, Pferde, vor, fraß, von, Pflanzen, Vorderfüßen, vier, viele, Feinde, pflanzten (sich) fort

☆☆ Fröhliche Förster futtern vormittags feine Pfirsiche und Pfannkuchen.
Pfeilgeschwind pflügen im Frühling fleißige Pferde flache Felder.
Flinke Flegel pfeifen flotte Verse durchs Telefon.

13

☆ *gesummtes s*: geschrieben s: besuchen, Sahne, lesen, Gräser
scharf ausgesprochenes s:
geschrieben s: Gras, Los
geschrieben ss: essen, Flüsse, Riss, Fluss
geschrieben ß: reißen, Fraß, Gruß, grüßen

☆☆ anpreisen – der Preis, der Leser – er liest, die Häuser – sie hausten, er verlost – die Lose, die Kreise – wir kreisten

14

☆

ss	ß
wissen	großen
Stewardess	stößt
Passagier	große
muss	schließlich
Passkontrolle	

15

☆ ein kräftiges Mädchen, eine eckige Form, das einmalige Erlebnis, der farbige Katalog
die rötliche Hose, das dümmliche Gesicht, eine mündliche Zusage, ein verträglicher Mensch

Weil es allmählich neblig geworden war, wurde die Fahrt gefährlich und völlig unmöglich.
Sei vernünftig und fahr mit dem Fahrrad vorsichtig. Ist die Kreuzung unübersichtlich, halte vorsorglich an.
Mein Zimmer ist zwar ziemlich klein, aber gemütlich.
Aus den zierlichen Blüten der Heckenrose entwickeln sich längliche, rötliche Früchte.

16

ä: prächtigen – Pracht,
unsäglich – sagen,
Wälder – Wald,
klägliche – klagen,
Ländern – Land,
Gäste – Gast,
erbärmliche – Erbarmen,
Bärte – Bart,
schäbige – *keine Ableitung*,
Dämmerung – *keine Ableitung*,
Während – *keine Ableitung*,
Nächte – Nacht,
Fensterläden – Fensterladen,
lärmen – *keine Ableitung*,
erzählte – *keine Ableitung*

äu: Äußeren – außen,
Räuberherberge – rauben

17

Wörter mit ai:
Mai, Waise, Hai/Haie, Laib, Saite, Laie
Wörter mit ei:
Feier, leise, Leiter, Leier, Weise, Weile, heiter, Beil/Beile, Reiter

Froh und heiter, immer weiter, am besten wirst du Reiseleiter.
Im Mai kam am Kai ein Hai vorbei.
Den Laich im Teich aß ein Scheich, jetzt ist sein Leib reich an Laich.

18

ent-: entluden, entschlossen, enttäuscht
end-: endlich, endgültig

unendlich, entfernen, Endsumme, entmündigen
entrinnen, endlos, entkommen, Endspurt
Entscheidung, entbehren, Endpunkt, entdecken

19

Denk daran, dass wir uns zum Schwimmen verabredet haben.
Dass das Fußballspiel wegen Regen ausfällt, befürchtet Simon.
Die Schüler meinen, dass mal wieder ein Schulfest stattfinden könnte.
Dass es morgen regnet, glauben wir nicht.

20

Sven: Hast du das (A) Buch mitgebracht?
Karlo: Meinst du das (A) dicke Buch mit dem roten Umschlag?
Sven: Das (D) doch nicht!
Karlo: Dann muss es das (A) kleine Bändchen sein, das (R) du mir in der letzten Woche geliehen hast.
Sven: Genau das (D) meine ich!
Karlo: Aber das (D) habe ich dir doch vorgestern schon zurückgegeben!
Sven: Weißt du das (D) genau?
Karlo: Ich habe dir das (A) Buch, das (R) einen knallroten Umschlag hat, auf jeden Fall schon zurückgegeben. Das (D) hat Micha übrigens auch gesehen.

21

„Kommst du mit zum Schwimmen?“, fragt Verena.
Lothar stöhnt: „Wenn doch schon Ferien wären!“
Peter fragt: „Hast du Mathe verstanden?“
„So ein Pech!“, ruft Marita vor Enttäuschung.
Mutter bemerkt: „Gestern war schönes Wetter.“
„Udo hat heute schlechte Laune“, sagt Lars.
„Hallo, Bianca!“, grüßt die Lehrerin im Vorbeigehen.
„Halt!“, ruft der Tankwart.

22

Der Verkäufer in der Tierhandlung preist auf folgende Weise einen hübschen Papagei an: „Sehen Sie, gnädige Frau, wenn Sie an dem Kettchen am rechten Bein ziehen, dann wünscht der Papagei Ihnen ‚Guten Tag‘. Ziehen Sie aber am Kettchen vom linken Bein, dann sagt das gute Tier ‚Auf Wiedersehen‘. Ist doch toll, nicht?“ „Das ist ja wirklich ganz fantastisch“, sagt die Dame, „ich weiß jetzt nur noch nicht, was passiert, wenn ich an beiden ziehe.“ „Dann fall ich auf die Schnauze“, krächzt daraufhin der Papagei.

Ein Kamel und eine Kuh sind Freunde. Als sie über Pläne für die Zukunft sprechen, bemerkt das Kamel: „Du, wir machen eine Milchbar auf.“ „Wie stellst du dir das vor?“, fragt die Kuh. „Ganz einfach“, antwortet das Kamel, „du lieferst die Milch und ich die Hocker.“

23

Die-ser E-mil!
Al-le Wet-ter! Da hat-te Tan-te Er-nas Nef-fe E-mil erst den Tee auf den Per-ser-tep-pich ge-schüt-tet, dann die le-cke-ren Voll-korn-kek-se zer-brö-selt und da-mit die Gold-fi-sche ge-füt-tert. Mit sei-ner Tee-tas-se fisch-te er an-schlie-ßend ei-ne glit-schi-ge Al-ge aus dem A-qua-ri-um und leg-te sie auf den Plüsch-ses-sel sei-ner Tan-te, die ge-ra-de in der Kü-che war.
Da klin-gel-te es. E-mil ging ein-fach ans Te-le-fon. Es war sein On-kel Bert; den nann-te er ei-nen Rie-sen-depp, be-vor er schnell wie-der den Hö-rer auf-leg-te. Am En-de be-kam er a-ber ein Don-ner-wet-ter zu hö-ren!

☆ fünf-zehn, un-glaub-lich, Kü-che
Lis-te, Erd-bee-re, A-bend
ü-ber, Zu-cker-stück, bre-chen
Som-mer, Ab-ma-chung, kann-te
tren-nen, Rie-sen-rad, ras-ten
woll-te, kos-ten, Brü-cke

24

☆ Wir trafen uns an der Riesenrutsche, stiegen hoch und rutschten zusammen runter.
Pia und Annabell stärkten sich erst einmal, gingen dann zur Geisterbahn und wollten anschließend in die Westernshow.
Simon holte sich ein Eis, ging danach zur bereitstehenden Eisenbahn und fuhr mit ihr durch das Affengelände.

25

☆ Ulli musste nach Hause gehen, denn es war schon spät.
Der Autofahrer sah den Fußgänger noch, aber er konnte nicht mehr rechtzeitig bremsen.
Ich kann nicht mitkommen, denn ich fühle mich nicht wohl.
Der Fahrer kam von der Straße ab und er rammte einen Laternenmast.
Ich wollte dir ja helfen, aber du hast es nicht gewollt.
Sollen wir ins Kino gehen oder hast du etwas anderes vor?
Gestern war Zeugniskonferenz und nächste Woche beginnen die Ferien.

26

☆ Sein gefiederter Körper ist beim Männchen schwarz mit weißen Schmuckfedern, beim Weibchen dagegen graubraun.
Er kann zwar nicht fliegen, aber er ist ein schneller Läufer und legt bis zu fünfzig Kilometer in der Stunde zurück.
Der Vogel Strauß frisst am liebsten Blätter und Früchte, aber auch Kleintiere verschmäht er nicht.

☆☆ Sie sahen einen kurzen, aber interessanten Film.
Er versuchte es erneut, jedoch vergebens.
Sie sang nicht schön, sondern nur laut.
Der Fahrer sah den Igel noch, er konnte jedoch nicht mehr rechtzeitig bremsen.
Ich wollte dir ja helfen, aber du hast es nicht gewollt.

27

☆ Verhaltensstörungen von Papageien sind oft eine Antwort darauf, **dass** derartige Vögel in engen Käfigen nicht artgerecht leben *können*.
Dass man auch für die Haltung eines Kanarienvogels Geld, Zeit und Geduld *benötigt*, machen sich manche Tierfreunde nicht klar.
Wenn ein kleiner Käfigvogel Zugluft *bekommt*, kann er sich leicht erkälten.
Sven entschied sich, **weil** er nicht so viel Platz *hatte*, für einen Zwerghamster.
Katzen *sind*, **weil** sie zärtlich, verspielt, anschmiegsam, übermütig, leise und sauber *sind*, ideale Spielgefährten für Kinder.

28

☆ Wellensittiche, **die** als Haustiere äußerst beliebt sind, zeigen den Menschen gegenüber in der Regel ein freundliches Gemüt. Ihr Käfig sollte mit einem Spiegel ausgestattet sein, mit **dem** sich der Wellensittich gerne die Langeweile vertreibt. Der Käfig, in **dem** sich ein Wellensittich geborgen fühlen soll, muss groß genug sein. Die Gitterstäbe, an **denen** die Sittiche gerne knabbern, sollten aus Metall sein und waagerecht verlaufen. Wellensittiche, **die** zu den Schwarmvögeln gehören, leben gerne gesellig. Ein Wellensittich, **der** allein in einem Käfig gehalten wird, schließt sich bei intensivem täglichem Kontakt eng an seinen Pfleger an.

☆☆ Das Buch, das du mir geliehen hast, ist sehr spannend.
Hast du die Kassette dabei, die du mir kopieren wolltest?
Mutter stellte die frischen Blumen, welche die Großmutter mitgebracht hatte, in eine Vase.
Die Blumen, die aus dem Garten der Großmutter waren, dufteten im ganzen Haus.
Die Musikgruppe, die heute spielt, kommt aus Irland.
Der Sänger, von dem besonders die Mädchen begeistert sind, hat leider eine Grippe.
Katrin besuchte ihre Freundin Marina, die sie länger nicht gesehen hatte.
Marina und ihre Schwester Charlotte, die sich gerade langweilten, freuten sich über Katrins Besuch.

29

☆ Freiherr von Münchhausen, der bekannte Lügenbaron, erlebte auf seinen Reisen die tollsten Abenteuer.
Mein Pferd, ein ganz prächtiges Tier, konnte ausgezeichnet springen.
Ich konnte gerade noch meinen Hut ziehen und die Damen, zwei ganz reizende Wesen, für die Störung um Entschuldigung bitten.

☆☆ Simon, ein Junge aus unserer Parallelklasse, hat den Lesewettbewerb gewonnen.
Felicitas, meine schüchterne Cousine, spielt im Schulorchester die erste Geige.
Frau Schubert, unsere Klassenlehrerin, will mit uns ins Schullandheim.
Das Landschulheim auf Wangerooge, der östlichsten Ostfriesischen Insel, soll besonders beliebt sein.
Franziska Popp, die schnellste Läuferin unserer Schule, nimmt an der Leichtathletik-Meisterschaft teil.

Wir schreiben *ss*, wenn nach einem *kurzen* betonten Vokal ein scharf ausgesprochener s-Laut folgt.

küssen | **sie küsst** | **der Kuss**
passen | **es passt** | **der Pass**

Wir schreiben *ß*, wenn nach einem *langen* betonten Vokal oder Doppellaut (*au, eu, äu, ei, ai*) ein scharf ausgesprochener s-Laut folgt.

stoßen | **sie stößt** | **der Stoß**
heißen | **sie heißt** | **die Verheißung**

Unterstreiche im Text auf der linken Seite alle Wörter, bei denen der scharf gesprochene s-Laut mit *ss* oder *ß* geschrieben wird. Es sind insgesamt neun. Übertrage die Wörter anschließend in diese Tabelle.

ss	ß

Setze in der linken Spalte unter die *kurzen* betonten Vokale vor dem scharf gesprochenen s-Laut einen Punkt. Unterstreiche in der rechten Spalte alle *langen* betonten Vokale oder Doppellaute vor dem scharf gesprochenen s-Laut.

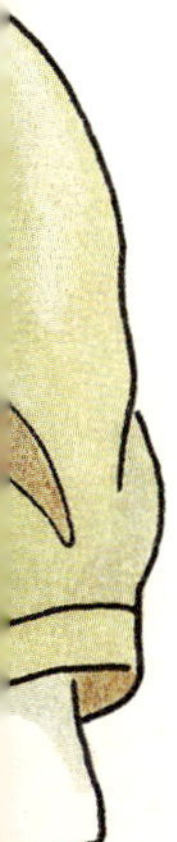

Das Datum von heute ____________

15 Bergwanderung

Die Wortbausteine *-lich* und *-ig*

Bergwanderung
In den diesjährigen Sommerferien wollten wir / den Aufstieg zur Nockspitze wagen. / Obwohl es noch stockdunkel war, / rief mein Vater, / es sei Zeit zum Aufstehen. / Da blieb mir nichts anderes übrig,* / als mich fertig zu machen. / Verschlafen gähnend trat ich schließlich / vor die Hütte. /
Anfänglich führte / der spärlich markierte Weg steil bergan. / Trotzdem wies uns der Bergführer an,* / zügig zu gehen. / Er riet uns auch,* / gleichmäßig durch die Nase zu atmen. / Bald schwiegen wir, / ein kühler Wind blies uns ins Gesicht. / Der schmale Pfad erforderte / unsere ganze Aufmerksamkeit. / Endlich erreichten wir den Gipfel, / gerade rechtzeitig, / denn im Augenblick schob sich die Sonne / hinter den Bergen im Osten empor. / Zum ersten Mal in meinem Leben / sah ich das Alpenglühen. 118

* Neu: Das Komma kann hier gesetzt werden, muss aber nicht.

Bei Adjektiven (Eigenschaftswörtern) hörst du die Endungen *-lich* und *-ig* deutlich heraus, wenn du die Wörter verlängerst und ein Nomen (Substantiv) dazustellst.

trau*rig* – ein trau*rig*es Ereignis
rund*lich* – der rund*lich*e Bauch

Verlängere die folgenden Adjektive, indem du ein Nomen dazustellst.

billig – kräftig – eckig – einmalig – farbig
kränklich – rötlich – dümmlich – mündlich – verträglich

-ig	-lich
der billige Pullover	eine kränkliche Person
______	______
______	______
______	______
______	______

Fülle die Lücken aus.

Weil es allmäh______ nebl______ geworden war, wurde die Fahrt gefähr______ und völl______ unmög______.

Sei vernünft______ und fahr mit dem Fahrrad vorsicht______. Ist die Kreuzung unübersicht______ , halte vorsorg______ an.

Mein Zimmer ist zwar ziem______ klein, aber gemüt______.

Aus den zier______en Blüten der Heckenrose entwickeln sich läng______ , röt______ Früchte.

16 Das Wirtshaus im Spessart

Das Datum von heute

Wörter mit *ä/e* und *äu/eu*

Das Wirtshaus im Spessart
Mitten im prächtigen Spessart, / umgeben von unsäglich dunklen Wäldern, / lag einst eine klägliche Herberge versteckt. / Fremde aus entfernten Ländern / kehrten da nur selten ein. / Trotzdem schien das Wirtshaus Gäste zu haben. / Das waren meist erbärmliche Gesellen mit wildem Äußeren. / Sie trugen ungepflegte Bärte und schäbige Kleidung. / Meist erschienen sie erst / in der einbrechenden Dämmerung. / Auf dem Rücken schleppten sie schwere Säcke. / Während der Nächte hörte man sie / hinter den Fensterläden lärmen. / Unheimlich war es um die Räuberherberge herum. / Da war es kein Wunder, / dass man sich sehr bald Geschichten / über das Wirtshaus im Spessart erzählte. 99

Bei vielen Wörtern mit *e* hört man beim Sprechen kaum einen Unterschied zu einem Wort mit *ä* (*prächtig*, *fremd*). Wörter werden mit *ä* geschrieben, wenn es eine Wortform oder ein verwandtes Wort mit *a* gibt.

prächtig – Pracht
Gäste – Gast

Die Doppellaute *äu* und *eu* klingen völlig gleich (*Zäune*, *Scheune*). Auch hier gilt: Wörter werden mit *äu* geschrieben, wenn es eine Wortform oder ein verwandtes Wort mit *au* gibt.

bäuerlich – Bauer
das Äußere – außen

Allerdings lässt sich nicht zu allen Wörtern mit *ä* und *äu* ein verwandtes Wort mit *a* und *au* finden. Hier musst du dir die Schreibweise einprägen.

2 Unterstreiche im Text auf der linken Seite alle Wörter mit *ä* und *äu*. Es sind 17. Schreibe diese Wörter ab und ergänze ein verwandtes Wort mit *a* oder *au*. Bei fünf von ihnen ist keine Ableitung möglich.

prächtigen – Pracht

17 Haie

Das Datum von heute

Wörter mit *ei*/*ai*

Haie

Einen draufgängerischen Jäger nennt man ihn, / einen Räuber, Killer, Mörder. / Tatsächlich greifen einige Haie alles an, / was ihnen in die Quere kommt. / Einer der gefährlichsten unter ihnen / ist der weiße Hai. / Man nennt ihn auch „Menschenhai", / weil er selbst vor Menschen nicht Halt macht. / Wenn er durch Blut gereizt wird, / jagt er wie rasend seine Beute. / Aber nicht alle Haie sind gefährlich. / Der Walhai zum Beispiel / ist harmlos und zahm wie ein Lamm. / Der unstillbare Appetit der Haie / hat auch etwas Gutes: / Sie jagen und töten / vor allem kranke, verletzte und alte Tiere. / Sie gehören zur Gesundheitspolizei der Natur. 100

Nur wenige Wörter werden im Deutschen mit *ai* geschrieben, zum Beispiel:

Mai **Laich** **Waise** **Kaiser** **Mais**
Hai **Saite** **Laib** **Kai** **Laie**

Bei einigen von ihnen gibt es gleich ausgesprochene Wörter mit *ei*, die du unterscheiden musst:

Seite – Saite (Gitarren-)
Le*i*b – La*i*b (Brot-)
Wa*i*se – We*i*se (Melodie)
le*i*hen – La*i*en (keine Fachleute)
Le*i*chen – la*i*chen (Frösche ...)

Schreibe möglichst viele Wörter mit *ai* und *ei* auf.

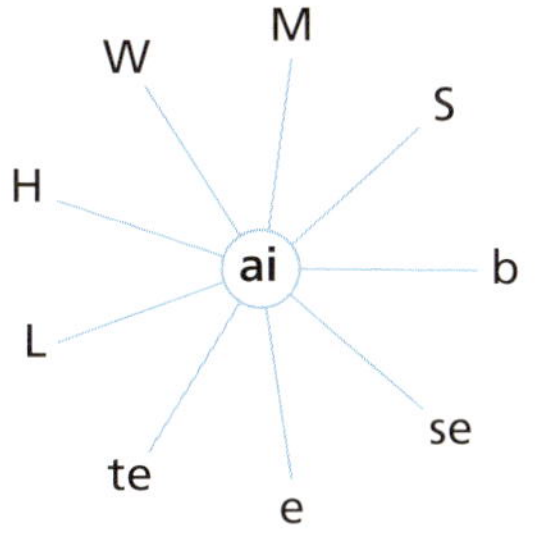

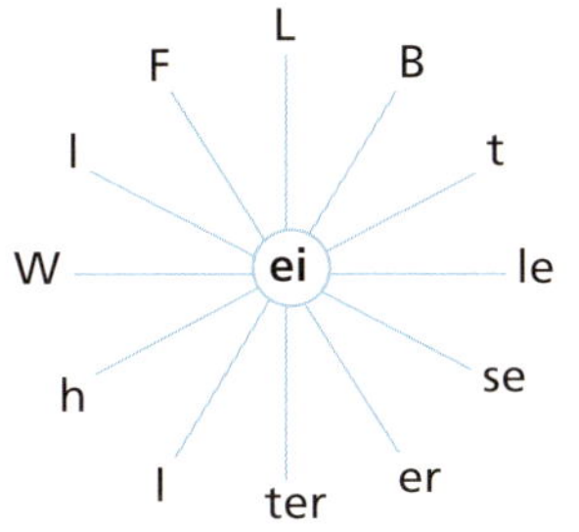

____

____

____

____

____

Fülle in den Unsinnsversen die Lücken aus.

Froh und h___ter, immer w___ter, am besten wirst du R___sel___ter.

Im M___ kam am K___ ein H___ vorbei.

Den L___ch im T___ch aß ein Sch___ch; jetzt ist sein L___b r___ch an L___ch.

18 Eine nasse Fahrradfahrt

Das Datum von heute

Die Wortbausteine *ent-* und *end-*

Eine nasse Fahrradfahrt

Der Unterricht war zu Ende. / Sandra, Lisa und Andrea rannten zu ihren Fahrrädern. / „Nun aber nach Hause, / ich habe fürchterlichen Hunger!“, / rief Andrea. /
Sie sausten zum Schultor hinaus. / Nach einer Weile entluden sich dunkle Regenwolken* / und es begann** ziemlich stark zu regnen. / Die drei Mädchen entschlossen sich anzuhalten / und flüchteten in ein Wartehäuschen, / das in der Nähe stand. /
Plötzlich sagte Sandra: / „Ich fahre weiter, / auch wenn ich ganz nass werde. / Kommt ihr mit?“ / Andrea und Lisa waren einverstanden. /
Als sie endlich zu Hause ankamen, / hörte der Regen auf. /
Doch es war zu spät. / Jetzt waren sie endgültig nass. /
„Hoffentlich bekommen wir keine Erkältung“, / meinte Sandra etwas enttäuscht. 110

* Neu: kein Komma.

** Neu: Hier kann ein Komma gesetzt werden, muss aber nicht.

Die Wortbausteine *ent-* und *end-* werden gleich ausgesprochen:

*ent*kommen   *ent*decken   *end*gültig   *end*los

So kannst du diese beiden Silben unterscheiden:
– *end-* hat immer etwas mit *Ende* zu tun und wird immer betont.
– *ent-* ist eine unbetonte Vorsilbe.

Unterstreiche im Text auf der linken Seite alle Wörter mit den Anfangssilben *ent-* und *end-*. Trage sie dann in die Tabelle ein.

ent-	**end-**
______________	______________
______________	______________
______________	______________

Setze *d* oder *t* richtig ein.

unen__lich	en__fernen	En__summe	en__mündigen
en__rinnen	en__los	en__kommen	En__spurt
En__scheidung	en__behren	En__punkt	en__decken

19 Gespräch vor dem Urlaub

Das Datum von heute

Die Konjunktion *dass*

Gespräch vor dem Urlaub
Mutter: / Evi, du musst noch das Kaninchen zu Udo bringen. / Er hat ja versprochen, / dass er sich in den Ferien darum kümmern will. / Und leg mir das neue T-Shirt heraus. / Ich möchte auch, / dass du mir gleich noch etwas beim Putzen hilfst. /
Evi: / Ich werde heute Abend alles zurechtlegen, Mutti. / Das tolle neue Spiel und das Buch von Onkel Albert / muss aber auf jeden Fall mit. / Dass das Wetter so bleibt wie im Augenblick, / ist ja wohl kaum zu erwarten. / Das Kofferradio muss auch mit. /
Mutter: / Am besten auch noch das Fernsehgerät, / das Zwergkaninchen und das neue Schlauchboot. / Ich hoffe, dass ich jetzt nichts vergessen habe. 110

Das Wörtchen *dass* ist immer eine Konjunktion (Bindewort), die zwei Sätze miteinander verknüpft. Die Konjunktion *dass* leitet immer einen Nebensatz (Gliedsatz) ein und verbindet diesen mit dem Hauptsatz.

Susi hat versprochen, *dass* sie sich um den Hamster kümmert.

Der *dass*-Satz kann vor oder nach dem Hauptsatz stehen.

***Dass* sie sich um den Hamster kümmert, hat Susi versprochen.**

Bilde Sätze mit der Konjunktion *dass*.
Der *dass*-Satz soll dabei mal vorne und mal hinten stehen.

ich hoffe – wir schreiben morgen keine Englischarbeit (*dass*-Satz: hinten)

Ich hoffe, dass wir morgen keine Englischarbeit schreiben.

denk daran – wir haben uns zum Schwimmen verabredet (*dass*-Satz: hinten)

____

____

Simon befürchtet – das Fußballspiel fällt wegen Regen aus (*dass*-Satz: vorn)

____

____

die Schüler meinen – es könnte mal wieder ein Schulfest stattfinden (*dass*-Satz: hinten)

____

____

wir glauben nicht – es regnet morgen (*dass*-Satz: vorn)

____

____

20 Das war Glück

Das Datum von heute

Artikel, Pronomen oder Konjunktion: *das* und *dass*

Das war Glück

Ein fünfjähriger Junge aus Hannover glaubte offenbar, / dass er fliegen könne. / Das wollte er nämlich / dem kleinen „Karlsson vom Dach“ nachmachen, / einer Figur aus einem Kinderbuch, / das Astrid Lindgren geschrieben hat. / Dieser Karlsson kann / mit einem Propeller auf dem Rücken spazieren fliegen*. / Der kleine Junge aus Hannover spannte einen Regenschirm auf / und sprang aus fünf Metern Höhe vom Balkon. / Das hätte schlimme Folgen haben können. / Doch der Kleine hatte an diesem Tag das Glück gepachtet. / Er landete so auf dem weichen Rasen, / dass er keine Verletzung davontrug. 90

* Neu: *spazieren fliegen* wird getrennt geschrieben.

Das Wörtchen *das* kann dreierlei sein:

– ein *Artikel* (Begleiter)	***Das* Fahrrad gefällt mir.**
– ein *Demonstrativpronomen* (hinweisendes Fürwort)	**Nicht meins, sondern *das* da ist kaputt. (*dieses, jenes*)**
– ein *Relativpronomen* (bezügliches Fürwort)	**Das Fahrrad, *das* mir gehört, ist ein Mountainbike. (*welches*)**

Um das Wörtchen *das* von der Konjunktion *dass* zu unterscheiden, gibt es eine Faustregel:
Wenn du *dieses, jenes* oder *welches* einsetzen kannst, wird *das* geschrieben.
Wenn du die Ersatzwörter nicht einsetzen kannst, wird *dass* geschrieben.

Bestimme, ob es sich bei dem *das* um einen Artikel (A), ein Demonstrativpronomen (D) oder ein Relativpronomen (R) handelt.

Sven: Hast du das (__) Buch mitgebracht?

Karlo: Meinst du das (__) dicke Buch mit dem roten Umschlag?

Sven: Das (__) doch nicht!

Karlo: Dann muss es das (__) kleine Bändchen sein, das (__) du mir in der letzten Woche geliehen hast.

Sven: Genau das (__) meine ich!

Karlo: Aber das (__) habe ich dir doch vorgestern schon zurückgegeben!

Sven: Weißt du das (__) genau?

Karlo: Ich habe dir das (__) Buch, das (__) einen knallroten Umschlag hat, auf jeden Fall schon zurückgegeben. Das (__) hat Micha übrigens auch gesehen.

21 Albert Einstein

Das Datum von heute

Wörtliche Rede: Begleitsatz am Anfang oder am Schluss

Bei diesem Übungsdiktat sollten die Redezeichen und die Satzzeichen am Ende in der wörtlichen Rede nicht angegeben werden.

Albert Einstein

Der berühmte Physiker Einstein / soll äußerst sparsam und bescheiden gelebt haben, / was auch manchmal seine Kleidung verriet. / Einmal fragt ihn ein Freund: / „Willst du dir nicht mal einen neuen Mantel kaufen?“ / Einstein lächelte nur und erwiderte: / „Hier kennt mich doch jeder / und weiß, wer ich bin.“ /

Die beiden Freunde sahen sich / einige Zeit später in New York wieder. / Einstein trug denselben alten Mantel. / „Du trägst ja noch immer denselben Mantel!“, / rief der Freund. / Darauf entgegnete Einstein: / „Warum nicht, / hier weiß ja niemand, wer ich bin.“

87

Geht bei der wörtlichen Rede ein Begleitsatz voraus, so wird die wörtliche Rede mit einem Doppelpunkt angekündigt:

Begleitsatz	wörtliche Rede	
Lisa meint:	„Ich hab's geahnt. Mathe fällt aus."	(Aussagesatz)
Jan fragt Annika:	„Kommst du mit zum Baden?"	(Fragesatz)
Ärgerlich zischt Rike:	„Seid endlich ruhig!"	(Aufforderungssatz/ Wunschsatz/Ausruf)

Steht der Begleitsatz hinter der wörtlichen Rede, so wird nach dem Abführungszeichen immer ein Komma gesetzt. Ausrufe- und Fragezeichen der wörtlichen Rede werden beibehalten, der Punkt als Satzschlusszeichen entfällt hier.

Wörtliche Rede	Begleitsatz
„Ich hab's geahnt. Mathe fällt aus",	meint Lisa.
„Kommst du mit zum Baden?",	fragt Jan Annika.
„Seid endlich ruhig!",	ruft Rike wütend.

Setze alle fehlenden Zeichen ein.

„Lass das!", ruft Udo.

Kommst du mit zum Schwimmen fragt Verena

Lothar stöhnt Wenn doch schon Ferien wären

Peter fragt Hast du Mathe verstanden

So ein Pech ruft Marita vor Enttäuschung

Mutter bemerkt Gestern war schönes Wetter

Udo hat heute schlechte Laune sagt Lars

Hallo, Bianca grüßt die Lehrerin im Vorbeigehen

Halt ruft der Tankwart

22 Der Falke und der Hahn

Das Datum von heute

____

Wörtliche Rede: Begleitsatz in der Mitte

Bei diesem Übungsdiktat sollten die Redezeichen und die Satzzeichen am Ende in der wörtlichen Rede nicht angegeben werden.

Der Falke und der Hahn

Ein edler Falke war es gewohnt, / zu seinem Herrn zu fliegen, / wenn dieser ihn rief; / dann ließ er sich / auf seinem Arm nieder. / Am Hofe des Grafen lebte auch ein Hahn; / der raste immer ängstlich krähend davon, / sobald ihm der Graf / oder eine andere Person nahe kam. / „Wahrhaftig“, sagte der Falke / eines Tages zum Hahn, / „euch Hühnern fehlt doch / jedes Gefühl für Dankbarkeit. / Es ist klar, / dass ihr ein niedriges Volk / von Sklaven seid, / gar nicht wie wir freien Vögel der Höhe. / Unsere Flügel können uns / jederzeit so weit forttragen, / dass kein Mensch uns erjagt. / Und doch fliehen wir / nicht vor ihm. / Wir wissen, / dass er uns ernährt.“ / „Verehrter Herr Falke“, / erwiderte der Hahn, / „Ihr* fliehet nicht, / weil Ihr noch nie / einen gebratenen Falken gesehen habt.“ 131

* veraltete höfliche Anrede

Steht der Begleitsatz der wörtlichen Rede zwischen zwei Redeteilen, dann wird er von Kommas eingeschlossen.

<u>wörtliche Rede</u>	<u>Begleitsatz</u>	<u>wörtliche Rede</u>
„Ich habe es doch geahnt“,	**meint Lisa,**	**„Mathe fällt aus.“**
„Annika“,	**fragt Jan,**	**„kommst du mit zum Baden?“**
„He, ihr beiden“,	**zischt Rike ärgerlich,**	**„seid endlich ruhig!“**

Unterstreiche in dem folgenden Witz zunächst die Begleitsätze.
Kennzeichne danach mit einer gestrichelten Linie die wörtliche Rede.
Ergänze erst dann die fehlenden Redezeichen.

Der Verkäufer in der Tierhandlung preist auf folgende Weise einen hübschen Papagei an: Sehen Sie, gnädige Frau, wenn Sie an dem Kettchen am rechten Bein ziehen, dann wünscht der Papagei Ihnen ‚Guten Tag'. Ziehen Sie aber am Kettchen vom linken Bein, dann sagt das gute Tier ‚Auf Wiedersehen'. Ist doch toll, nicht?   Das ist ja wirklich ganz fantastisch   , sagt die Dame,   ich weiß jetzt nur noch nicht, was passiert, wenn ich an beiden ziehe.   Dann fall ich auf die Schnauze   , krächzt daraufhin der Papagei.

Ergänze alle fehlenden Zeichen.

Ein Kamel und eine Kuh sind Freunde. Als sie über Pläne für die Zukunft sprechen, bemerkt das Kamel   Du, wir machen eine Milchbar auf   Wie stellst du dir das vor   fragt die Kuh   Ganz einfach   antwortet das Kamel   du lieferst die Milch und ich die Hocker

23 Dieser Emil!

Das Datum von heute

Silbentrennung

Dieses Übungsdiktat am besten auf einen schmalen Zettel schreiben
und die Wörter am Zeilenende – falls möglich – trennen.
Die richtigen Trennungen finden sich im Lösungsteil.

Dieser Emil!

Alle Wetter! / Da hatte Tante Ernas Neffe Emil / erst den Tee auf den Perserteppich geschüttet, / dann die leckeren Vollkornkekse zerbröselt / und damit die Goldfische gefüttert. / Mit seiner Teetasse fischte er anschließend / eine glitschige Alge aus dem Aquarium / und legte sie / auf den Plüschsessel seiner Tante, / die gerade in der Küche war. /
Da klingelte es. / Emil ging einfach ans Telefon. /
Es war sein Onkel Bert; / den nannte er einen Riesendepp, / bevor er schnell wieder den Hörer auflegte. /
Am Ende bekam er aber ein Donnerwetter zu hören! 87

Die wichtigste Regel für die Trennung von Wörtern lautet:

Mehrsilbige Wörter werden nach Sprechsilben getrennt (*Au-to-fah-rer, Kas-ten*). Einsilbige Wörter können nicht getrennt werden (*erst, Tee*).

Einige weitere Regeln zur Silbentrennung musst du dir noch merken:
- **Bei Wörtern mit doppeltem Konsonanten wird nach dem ersten Konsonanten getrennt (*Don-ner, Wet-ter*). Bei mehreren Konsonanten trennt man nur den letzten ab (*nann-te*).**
- **Zusammengesetzte Wörter werden nach ihren Bestandteilen getrennt (*Brat-wurst-stand, Ge-burts-tag, Sonn-tag*).**
- **Die Buchstabenfolge *ck* (*le-cker*) und die Buchstabenfolgen *ch* und *sch* (*Ku-chen, Kir-sche*) werden nicht getrennt.**

Notiere das Wort mit allen Trennmöglichkeiten.

fünfzehn	unglaublich	Küche
______	______	______
Liste	Erdbeere	Abend
______	______	______
über	Zuckerstück	brechen
______	______	______
Sommer	Abmachung	kannte
______	______	______
trennen	Riesenrad	rasten
______	______	______
wollte	kosten	Brücke
______	______	______

24 Klassenausflug

Das Datum von heute

____

Komma bei Aufzählungen

Bei den nun folgenden Übungsdiktaten zum Thema Zeichensetzung sollten nur das Satzende sowie Beginn und Ende der wörtlichen Rede angegeben werden.

Klassenausflug

In diesem Jahr / macht die Klasse 6b / ihren Ausflug zu einem großen Freizeitpark. / Für die Schüler gibt es hier / tausend Möglichkeiten* sich zu vergnügen. / Jochen, Peter, Marita und Sonja / fahren in einem Waggon** der kleinen Eisenbahn / durch das Affengelände. / Svenja und Lars wollen / zuerst zur Riesenrutsche, / danach zur Achterbahn / und schließlich zum Gehege / der beiden weißen Tiger. / Außerdem kann zwischen / verschiedenen Vorführungen gewählt werden. / Eine Gruppe geht in die Westernvorführung, / eine andere in die Zirkusvorstellung. / Abends sind sich alle einig: / Der Ausflug war ein voller Erfolg. 87

* Neu: Hier kann ein Komma gesetzt werden, muss aber nicht.

** Neu: auch Wagon.

Aufgezählte Wörter und Satzglieder werden durch ein Komma getrennt.
Vor *und* und *oder* steht kein Komma.

Es gibt Affen, Löwen, weiße Tiger und viele andere Tiere zu sehen.

Auch angereihte Wortgruppen werden durch Kommas abgetrennt.
Vor *und* und *oder* steht auch hier kein Komma.

Lars wollte zuerst zur großen Rutsche, dann zur Achterbahn und schließlich zum Gehege der weißen Tiger.

Bilde aus den folgenden Einzelsätzen Aufzählungen.
Füge den letzten Teil jeweils mit *und* an.

Wir trafen uns an der Riesenrutsche. Wir stiegen hoch. *Wir* rutschten zusammen runter.

Wir trafen uns an der Riesenrutsche,
stiegen

Pia und Annabell stärkten sich erst einmal. *Pia und Annabell* gingen dann zur Geisterbahn. *Pia und Annabell* wollten anschließend in die Westernshow.

Simon holte sich ein Eis. *Simon* ging danach zur bereitstehenden Eisenbahn. *Simon* fuhr mit ihr durch das Affengelände.

25 Ablenkungsmanöver

Das Datum von heute

Komma in der Satzreihe

Ablenkungsmanöver
Es ist 15 Uhr* / und Sonja will ihre Matheaufgaben machen. / Um 16 Uhr ist die Geburtstagsparty bei Jutta, / deshalb will sie schnell fertig werden. /
Von draußen ist lautes Miauen zu hören, / darum macht Sonja / die Terrassentür auf. / Der Kater Tiger schleicht schnurrend ins Zimmer* / und Sonja streichelt ihm über den Rücken. / Jetzt beginnt sie** / in ihr Heft zu schreiben, / darauf springt Tiger auf den Schreibtisch. / Auf dem Heft hinterlässt er seine Pfotenabdrücke, / aber Sonja wird nicht böse. / Sie lässt sich nur allzu gern ablenken, / deswegen verschiebt sie / ihre Matheaufgaben auf den Abend. 92

* Neu: kein Komma.
** Neu: Hier kann ein Komma gesetzt werden, muss aber nicht.

Eine Aneinanderreihung von Hauptsätzen nennt man Satzreihe.
In einer Satzreihe werden die einzelnen Hauptsätze oft durch Kommas voneinander abgesetzt.

Pauline geht nicht mit zum Schwimmen, sie ist erkältet.

Satzreihen können auch durch Konjunktionen (Bindewörter) wie *und, oder, denn, deshalb, darauf, aber* … verbunden sein.
Nur vor *und* und *oder* wird dann in der Regel kein Komma gesetzt.

Pauline geht nicht mit zum Schwimmen, *denn* sie ist erkältet.
Jan geht zum Schwimmen *und* Pauline bleibt zu Hause.

Verbinde die Sätze mit der passenden Konjunktion und entscheide, ob ein Komma gesetzt wird oder nicht.

denn   aber   oder   und

Ulli musste nach Hause gehen ________________ es war schon spät.

Der Autofahrer sah den Fußgänger noch ________________ er konnte nicht mehr rechtzeitig bremsen.

Ich kann nicht mitkommen ________________ ich fühle mich nicht wohl.

Der Fahrer kam von der Straße ab ___________ er rammte einen Laternenmast.

Ich wollte dir ja helfen ________________ du hast es nicht gewollt.

Sollen wir ins Kino gehen ________________ hast du etwas anderes vor?

Gestern war Zeugniskonferenz ________________ nächste Woche beginnen die Ferien.

26 Der Vogel Strauß

Das Datum von heute

Komma vor entgegenstellenden Konjunktionen

Der Vogel Strauß

In den Wüsten und Savannen Nordafrikas / lebt ein sonderbar aussehender Vogel. / Er hat einen ganz langen, nackten Hals / und ebensolche Beine. / Sein gefiederter Körper ist beim Männchen schwarz / mit weißen Schmuckfedern, / beim Weibchen dagegen graubraun. / Er misst bis zu drei Metern Höhe. / Dieser Vogel heißt Strauß. / Er kann zwar nicht fliegen, / aber er ist ein schneller Läufer / und legt bis zu fünfzig Kilometer in der Stunde zurück. / Das Männchen bebrütet die riesengroßen Eier. / Der Vogel Strauß frisst am liebsten Blätter und Früchte, / aber auch Kleintiere verschmäht er nicht. / Bei Gefahr soll er den Kopf in den Sand stecken. 101

Vor entgegenstellenden Konjunktionen wie *aber*, *trotzdem*, *dennoch*, (*je*)*doch*, *sondern* steht immer ein Komma.

Er sang leise, *aber* schön.
Lisa wollte schlafen, *doch* ihr Bruder hörte noch laute Musik.
Stefan kam sofort, Peter *jedoch* erst nach fünf Minuten.

Unterstreiche im Text auf der linken Seite die entgegenstellenden Konjunktionen.

Stelle die folgenden Satzelemente zusammen und setze die Kommas.

Sie sahen einen kurzen	aber du hast es nicht gewollt.
Er versuchte es erneut	sondern nur laut.
Sie sang nicht schön	aber interessanten Film.
Der Fahrer sah den Igel noch	jedoch vergebens.
Ich wollte dir ja helfen	er konnte jedoch nicht mehr rechtzeitig bremsen.

27 Vögel im Winter

Das Datum von heute

Komma im Satzgefüge: konjunktionaler Nebensatz

Vögel im Winter
Wenn Schnee und Eis die Landschaft bedecken, / herrscht an Futterhäusern, / auf Balkonbrüstungen und Fensterbänken / ein buntes Treiben. / Zu keiner anderen Zeit des Jahres / kannst du Vögel / so gut beobachten wie jetzt. /
Aber Vorsicht! / Pommes frites und Schnitzel / bekommen ihnen nicht. / Sie brauchen Getreidekörner, / Samen, Sonnenblumenkerne, / zerkleinerte und ungewürzte Nüsse, / Haferflocken und Meisenknödel. / Wenn du Vögel fütterst, / musst du den Futterplatz jeden Tag putzen, / bevor du neues Futter auslegst. /
Sobald die weiße Pracht schmilzt, / werden die Vögel wieder Selbstversorger. / Du kannst deine Futterhilfe sofort einstellen.

87

Hauptsatz und Nebensatz (Gliedsatz) werden immer durch ein Komma getrennt. Du kannst Nebensätze daran erkennen, dass die konjugierte Verbform am Schluss steht.
Ein Nebensatz wird oft durch Konjunktionen (Bindewörter) wie *weil, dass, als, wenn, bevor, sobald, nachdem* eingeleitet.
Ein solcher konjunktionaler Nebensatz kann vor oder nach dem Hauptsatz stehen, er kann aber auch in den Hauptsatz eingefügt sein.

Ich gehe ins Bett, *weil* ich müde bin.

Weil ich müde bin, gehe ich ins Bett.

Ich gehe, *weil* ich müde bin, schnell ins Bett.

Kennzeichne bei den folgenden Sätzen den Hauptsatz durch Unterstreichen und den Nebensatz durch eine gestrichelte Linie. Setze danach die Kommas.

Verhaltensstörungen von Papageien sind oft eine Antwort darauf dass derartige Vögel in engen Käfigen nicht artgerecht leben können.
Dass man auch für die Haltung eines Kanarienvogels Geld, Zeit und Geduld benötigt machen sich manche Tierfreunde nicht klar.
Wenn ein kleiner Käfigvogel Zugluft bekommt kann er sich leicht erkälten.
Sven entschied sich weil er nicht so viel Platz hatte für einen Zwerghamster.
Katzen sind weil sie zärtlich, verspielt, anschmiegsam, übermütig, leise und sauber sind ideale Spielgefährten für Kinder.

28 Wellensittiche

Das Datum von heute

Komma im Satzgefüge: Relativsatz

Wellensittiche

Wellensittiche, die als Haustiere äußerst beliebt sind, / zeigen den Menschen gegenüber / in der Regel ein freundliches Gemüt. / Ihr Käfig sollte mit einem Spiegel ausgestattet sein, / mit dem sich der Wellensittich / gerne die Langeweile vertreibt. / Der Käfig, in dem sich ein Wellensittich / geborgen fühlen soll, / muss groß genug sein. / Die Gitterstäbe, an denen die Sittiche gerne knabbern, / sollten aus Metall sein / und waagerecht verlaufen. / Wellensittiche, die zu den Schwarmvögeln gehören, / leben gerne gesellig. / Ein Wellensittich, / der allein in einem Käfig gehalten wird, / schließt sich bei intensivem täglichem Kontakt / eng an seinen Pfleger an.

93

Ein Nebensatz kann auch durch ein Relativpronomen (bezügliches Fürwort) eingeleitet werden, das sich auf ein Nomen im Hauptsatz bezieht.

Peter beobachtet den Wellensittich, *der* sich wohl fühlt.

Ein solcher Relativsatz kann – wie im Beispiel oben – nach dem Hauptsatz stehen, er kann aber auch in den Hauptsatz eingefügt sein.

Der Wellensittich, *der* sich wohl fühlt, knabbert am Gitter.

Kennzeichne im Text auf der linken Seite die Nebensätze durch eine gestrichelte Linie und umkreise das Relativpronomen. Manchmal steht vor dem Relativpronomen noch eine Präposition (*in* dem).

Setze die Kommas.

Das Buch das du mir geliehen hast ist sehr spannend.
Hast du die Kassette dabei die du mir kopieren wolltest?
Mutter stellte die frischen Blumen welche die Großmutter mitgebracht hatte in eine Vase.
Die Blumen die aus dem Garten der Großmutter waren dufteten im ganzen Haus.
Die Musikgruppe die heute spielt kommt aus Irland.
Der Sänger von dem besonders die Mädchen begeistert sind hat leider eine Grippe.
Katrin besuchte ihre Freundin Marina die sie länger nicht gesehen hatte.
Marina und ihre Schwester Charlotte die sich gerade langweilten freuten sich über Katrins Besuch.

29 Ein vollendeter Kavalier

Das Datum von heute ______________

Kommas bei Einschüben im Satz

Ein vollendeter Kavalier
Freiherr von Münchhausen, / der bekannte Lügenbaron, / erlebte auf seinen Reisen / die tollsten Abenteuer. / Eines dieser Abenteuer hört sich aus seinem Munde so an. /
Mein Pferd, / ein ganz prächtiges Tier, / konnte ausgezeichnet springen. / Einmal verfolgte ich einen Hasen, / der querfeldein über eine Straße lief. / Über diese Straße fuhr gerade eine Kutsche / mit zwei schönen Damen. / Da mir die Kutsche im Weg war, / gab ich meinem Pferd die Sporen. / Das brave Tier sprang ohne ein Zögern / mit einem gewaltigen Satz / durch die geöffneten Fenster der Kutsche. / Ich konnte gerade noch meinen Hut ziehen / und die Damen, / zwei ganz reizende Wesen, / für die Störung um Entschuldigung bitten. 107

Einschübe werden durch Kommas vom übrigen Satz abgetrennt.

Münchhausen, *der leidenschaftliche Jäger und Offizier*, unterhielt seine Freunde gerne mit den unglaublichsten Geschichten.

Unterstreiche im Text auf der linken Seite die durch Kommas abgetrennten Einschübe.

Setze in den folgenden Sätzen die Kommas.

Simon ein Junge aus unserer Parallelklasse hat den Lesewettbewerb gewonnen.
Felicitas meine schüchterne Cousine spielt im Schulorchester die erste Geige.
Frau Schubert unsere Klassenlehrerin will mit uns ins Schullandheim.
Das Landschulheim auf Wangerooge der östlichsten Ostfriesischen Insel soll besonders beliebt sein.
Franziska Popp die schnellste Läuferin unserer Schule nimmt an der Leichtathletik-Meisterschaft teil.

Quellen der Diktattexte (D) und der Übungstexte (Ü):

Peter Kohrs: Besser in Deutsch. Die neue Rechtschreibung 5. Schuljahr. Berlin, Cornelsen Scriptor 1997: Ü 21 (S. 108), D 23 (S. 9)

Peter Kohrs: Besser in Deutsch. Die neue Rechtschreibung 6. Schuljahr. Berlin, Cornelsen Scriptor 1997: Ü 2b (S. 39, verändert), Ü 3a (S. 41), Ü 6a (S. 35), D 8 (S. 71, leicht verändert), Ü 8b (S. 69, leicht verändert), Ü 9a (S. 104), Ü 11b (S. 98, gekürzt), Ü 12b (S. 98, leicht verändert), Ü 13a (S. 72), Ü 13 b (S.74), Ü 15a (S. 83, gekürzt), D 19 (S. 93, gekürzt u. leicht verändert), Ü 20 (S. 90, gekürzt), D 21 (S. 111, leicht verändert), Ü 22b (S. 113), D 24 (S. 114, verändert u. ergänzt), D 25 (S. 116), Ü 27 (S. 118, gekürzt), D 28 (S. 120, leicht verändert)

Peter Kohrs: Besser in Deutsch. Die neue Rechtschreibung 7. Schuljahr. Berlin, Cornelsen Scriptor 1997: Ü 17a (S. 100, gekürzt), Ü 17b (S. 100)

Peter Kohrs, Barbara Schumann: Rechtschreiben: Alles klar! Lern- und Übungsheft 1 für das 5./6. Schuljahr. Berlin, Cornelsen 1996: D 1 (S. 11, gekürzt), Ü 1 (S. 12), D 2 (S. 24, gekürzt u. verändert), Ü 3b (S. 23), Ü 5b (S. 29, leicht verändert), D 9 (S. 48, nach einer alten Chronik), Ü 9b (S. 47), D 10 (S. 61, leicht verändert), Ü 10b (S. 59), D 11 (S. 58, verändert), Ü 11a (S. 57, gekürzt), D 20 (S. 68, leicht verändert), Ü 22a (S. 71), D 29 (S. 78 u. 83, leicht verändert)

Guido König, Helmut Weyand: Diktat: fehlerfrei. Heft 1. Berlin, Cornelsen 1996: D 5 (S. 14, gekürzt), D 12 (S. 58, gekürzt u. verändert), D 14 (S. 49, gekürzt u. leicht verändert), Ü 15b (S. 51, gekürzt u. leicht verändert), D 17 (S. 61, gekürzt), Ü 25 (S. 77, verändert), D 27 (S. 47, gekürzt u. leicht verändert)

Guido König, Helmut Weyand: Diktat: fehlerfrei. Heft 2. Berlin, Cornelsen 1997: D 7 (S. 6, gekürzt u. verändert)

Neue Diktate zur neuen Rechtschreibung für die Klassen 5 und 6. Zusammengestellt von Gerlinde Bauer. Berlin, Cornelsen 1997: D 3 (S. 33, leicht gekürzt), D 4 (S. 35, gekürzt), D 6 (S. 13, gekürzt), D 13 (S. 59, gekürzt), D 15 (S. 16, gekürzt), D 16 (S. 12), D 22 (S. 60, leicht gekürzt), D 26 (S. 63, gekürzt u. leicht verändert)

August-Bernhard Jacobs: Abschreiben erwünscht. Texte zum Abschreiben, Üben und Diktieren für die Klassen 5 und 6. Berlin, Cornelsen 1996: D 18 (S. 16, verändert)